DIESES BUCH GEHÖRT

Duden

Dein Lesestart

# VULKANE

KAROLIN KÜNTZEL

Dudenverlag
Berlin

# ENTDECKE DIE VULKANE!

Vulkane sind gefährlich.
Und doch finden wir sie spannend.
Sie zeigen uns ein bisschen,
wie es im Inneren der Erde aussieht.
Das Gestein ist dort glühend heiß
und geschmolzen.
Tritt es aus, richtet es viel Schaden an.
Trotzdem leben viele Menschen
in der Nähe von Vulkanen.

# INHALT

# FEUER SPUCKENDE BERGE

## VORSICHT, HEIß!

Stell dir die Erde

wie einen Pfirsich vor.

Innen ist ein fester Kern.

Er besteht aus Eisen und Nickel.

Der Kern ist sehr heiß.

Dort sind über 5000 Grad.

Verschiedene Erdschichten

## WEICH WIE HONIG

Um den Kern herum

liegt der Erdmantel.

Dort ist das Gestein zähflüssig,

so wie Honig.

**EISEN** ist ein Metall, das auf der Erde häufig vorkommt.

**GESTEIN** nennt man das Material, aus dem die Erdkruste besteht.

# AUF FESTEM BODEN

Die oberste Erdschicht

heißt **Erdkruste.**

Sie ist fest.

Auf ihr leben wir.

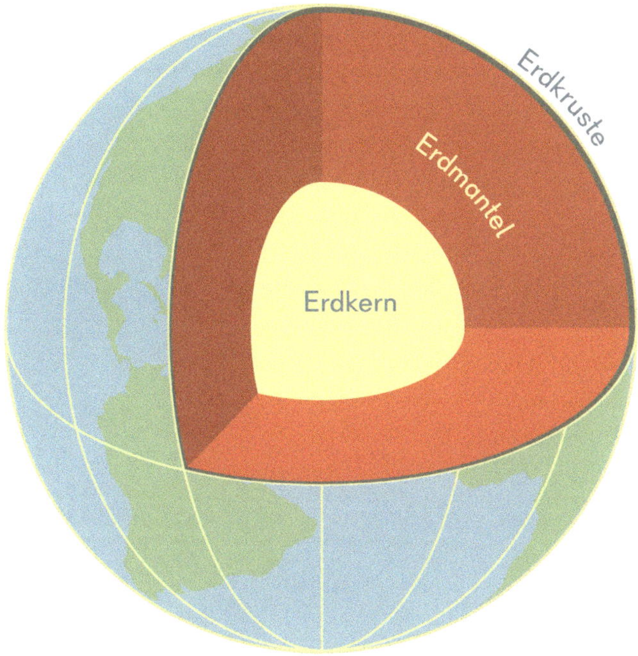


Die **ERDKRUSTE** ist die hart gewordene oberste Schicht der Erde.

## SIEBEN TEILE

Die Erdkruste ist in sieben riesige und mehrere kleine Stücke zerbrochen.

Das sind die Erdplatten.

Sie werden auch Kontinentalplatten genannt.

Ein **KONTINENT** ist ein großer zusammenhängender Erdteil.

## SCHWIMMENDE KONTINENTE

Alle Platten treiben
auf dem flüssigen Gestein
des Erdmantels.
Sie sind ständig in Bewegung.
Sie reiben sich, stoßen zusammen
oder bewegen sich
voneinander fort.

## SUPERKRÄFTE

Wenn sich die Platten bewegen,
wirken große Kräfte.
Gebirge wachsen in die Höhe,
Vulkane brechen aus und
die Erde bebt.

**TREIBEN**
So nennt man es,
wenn sich die Platten
bewegen.

**GEBIRGE** bestehen aus Bergen,
Tälern und den Flächen dazwischen.

# DER PAZIFISCHE FEUERRING

Im Pazifik treffen mehrere Kontinentalplatten aufeinander.
Durch ihre Bewegungen entstehen Erdbeben.
In den Küstengebieten rund um den Ozean bebt die Erde deshalb besonders oft.
Dazu zählt die Westküste von Amerika, die Halbinsel Kamtschatka, Japan, die Philippinen, Indonesien und Neuseeland.

Karymsky in Kamtschatka

Bromo in Indonesien

Mount Mayon auf den Philippinen

Der **PAZIFIK** ist das größte Meer auf der Erde und liegt zwischen Amerika und Asien.

**AMERIKA** wird unterteilt in Nordamerika, Mittelamerika und Südamerika.

Die **PHILIPPINEN** sind eine Inselgruppe mit über 7000 Inseln. Sie gehört zu Asien.

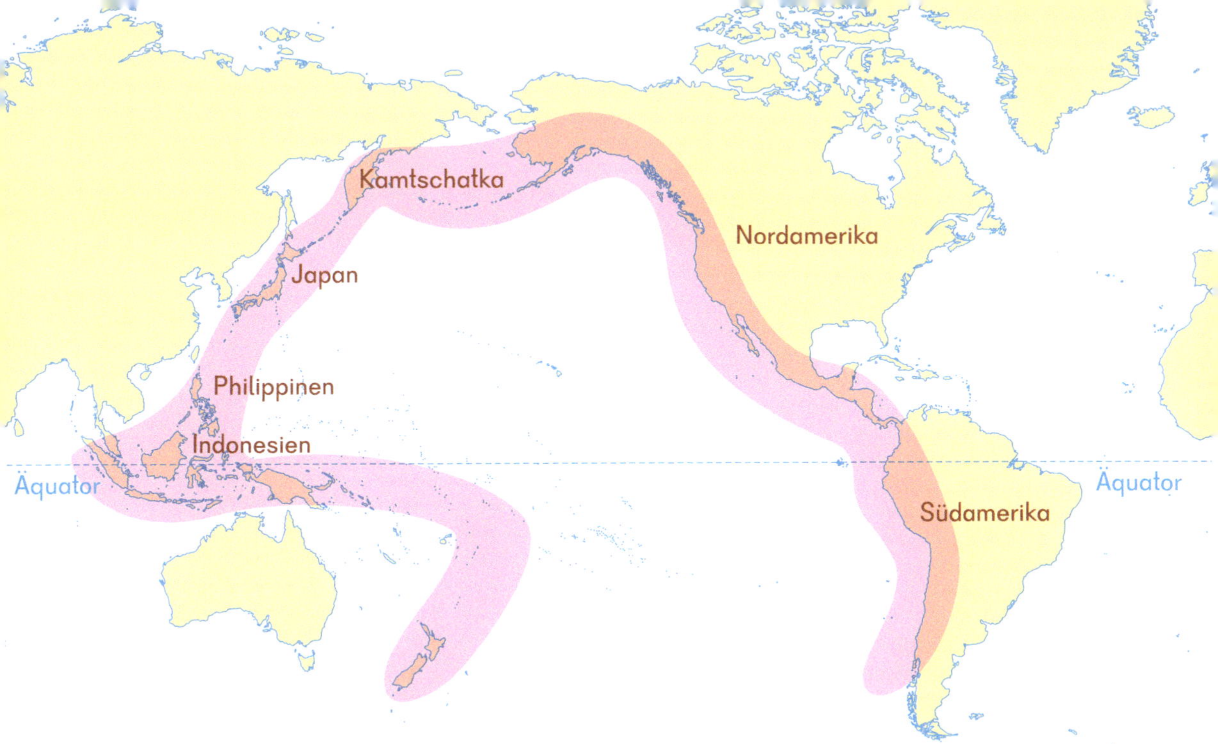


Die meisten Vulkane der Erde
gibt es entlang dieser Küsten.
Sie reihen sich wie **Perlen**
auf einer Schnur aneinander.
Man nennt diese Region deshalb
den Pazifischen Feuerring.
Über 450 Vulkane sind dort **aktiv.**
Viele brechen regelmäßig aus.
Einige sind sehr gefährlich.

**PERLEN** bilden sich in manchen Muscheln und Schnecken.

**AKTIV** bedeutet „lebendig“ oder „in Bewegung“. Aktive Vulkane können ausbrechen.

# WAS IST MAGMA?

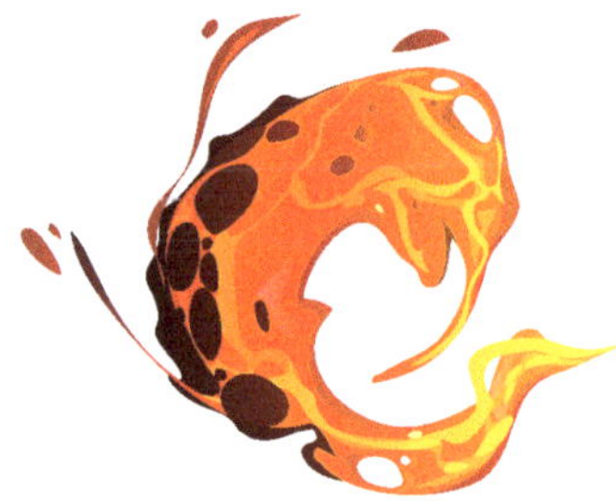

Magma ist flüssiges Gestein.
Es ist bis zu 1500 Grad heiß.
Es sammelt sich in großen Kammern
unter der Erdkruste.
Dort brodelt und blubbert es
wie in einem Topf mit kochender Marmelade.
Wird der Druck in der Kammer zu groß,
bricht das Magma das Gestein darüber auf
und steigt durch den Schlot nach oben.
Wo es austritt, bildet sich ein Krater.



Eine **KAMMER** ist ein kleines Zimmer.

**SCHLOT** nennt man den meist senkrechten Schacht in einem Vulkan, durch den Magma aufsteigt.

# AUSBRECHENDE LAVA

Steigt Magma an die Oberfläche,
nennt man es Lava.
Die Lava kühlt dort ab, ist aber immer noch
über 1000 Grad heiß.
Je heißer die Lava ist, desto heller ist sie.
Dickflüssige Lava fließt langsam den Berg hinab.
Dünnflüssige Lava ist schneller.
Bei einem Ausbruch auf Hawaii
wurden 64 Kilometer pro Stunde gemessen.

Ein **KRATER** ist die Öffnung an der Spitze des Vulkans. Sie hat die Form eines Trichters oder Kessels.

**HAWAII** heißt eine Gruppe von Inseln im Pazifischen Ozean.

Super gelesen

# AUF ZUM RÄTSELSPASS!

1. Welche Antwort ist richtig? Kreuze sie an.

a) ☐ Der Erdkern besteht aus Gold und Silber.

b) ☐ Der Erdkern besteht aus Eisen und Nickel.

c) ☐ Der Erdkern besteht aus flüssigem Gestein.

2. Die Erdkruste ist in sieben große Platten zerbrochen. Wie nennt man sie?

Setze die Silben richtig zusammen.

☐ ☐ ☐ t i ☐ ☐ ☐ ☐ ☐ ☐ ☐ ☐ ☐ ☐ ☐ ☐ ☐

## 3. Wie nennt man die Teile eines Vulkans? Ordne zu und trage die Ziffern richtig ein.

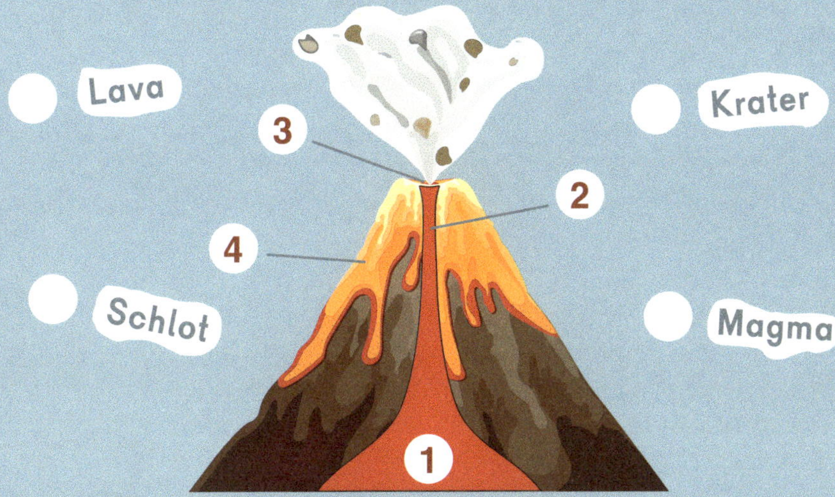


## 4. Wo gibt es besonders viele Vulkane?

Finde die Ländernamen und kreise sie ein.

Lösungen: 1. b); 2. Kontinentalplatten; 3. 1: Magma, 2: Schlot, 3: Krater, 4: Lava; 4. JAPAN, INDONESIEN, NEUSEELAND

# VERSCHIEDENE

# VULKANFORMEN

# SCHICHT UM SCHICHT

Vulkane sehen ganz verschieden aus.
Manche sind spitz wie ein Kegel.
Andere haben tiefe Spalten.
Schichtvulkane wie der Ätna
haben steile Hänge.
Bei jedem Ausbruch
lagert sich eine neue Schicht
aus Asche und Gestein am Berg ab.
Diese Vulkane brechen
mit einer gewaltigen Explosion aus.

Ein **KEGEL** ähnelt einem spitzen Hut. Er ist unten kreisförmig und läuft nach oben spitz zu.

Der **ÄTNA** ist ein aktiver Vulkan in Italien.

# WIE EIN SCHILDKRÖTENPANZER

Schildvulkane wie der Kilauea
auf Hawaii sind breit und flach.
Sie sehen aus wie der Panzer einer Schildkröte.
Ihre Lava ist sehr dünnflüssig.
Bei einem Ausbruch fließt sie weit
die Hänge hinab.
Vulkane dieser Art entstehen
oft unter dem Meer.
Manchmal wachsen sie als Insel
aus dem Wasser.

Pico del Teide auf Teneriffa

Der **PANZER** von Schildkröten ist eine feste Schutzhülle aus Knochenplatten.

Eine **INSEL** ist ein Stück Land, das vollständig von Wasser umgeben ist.

# WAS IST EINE CALDERA?

Manche Vulkane sehen aus
wie ein riesiger Kessel.
Diese Vulkanform heißt Caldera.
Eine Caldera entsteht,
wenn sich die Magmakammer leert
und der Boden darüber einstürzt.
Sammelt sich Wasser im Kessel,
bildet sich ein Kratersee.
Der Vulkan darunter bleibt aktiv.
Er kann erneut ausbrechen.

Santa Ana in El Salvador

Ein **KESSEL** ist ein großes Gefäß zum Kochen.

Das Wort **CALDERA** ist spanisch und heißt „Kessel“.

Spaltenvulkan auf Island

# EIN RISS IN DER ERDKRUSTE

Ein Spaltenvulkan sieht aus
wie ein Riss in der Landschaft.
Er hat keinen Hauptschlot.
Lava tritt an mehreren Stellen
entlang des Risses aus.
Sie ist sehr dünnflüssig
und verteilt sich schnell.
Auf Island gibt es viele Spaltenvulkane.

**ISLAND** ist eine Insel
im Norden von Europa.

# WIE LANGE SCHLÄFT EIN VULKAN?

Ein aktiver Vulkan kann ausbrechen.
Zwischen den Ausbrüchen
können wenige Jahre liegen,
aber auch Hunderte
oder sogar Tausende Jahre.
Ein Vulkan, der sehr lange
nicht mehr aktiv war,
ist ein ruhender Vulkan.

Erloschener Vulkan in der Eifel

Erst wenn ein Vulkan
viele Hunderttausend Jahre
nicht mehr ausgebrochen ist,
spricht man von einem erloschenen Vulkan.
Manche Vulkane sind schon sehr lange
nicht mehr ausgebrochen.
Aber sie sind immer noch gefährlich.
Unter ihnen sammelt sich
im Laufe der Zeit viel Magma an.

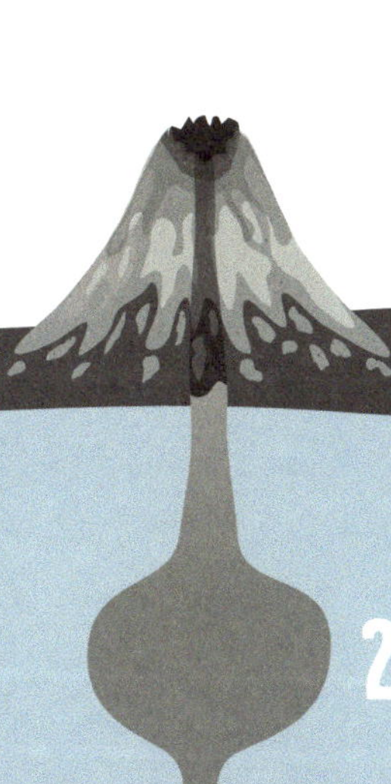

Ein **ERLOSCHENER VULKAN**
bricht wahrscheinlich nie wieder aus.

Super gelesen

# AUF ZUM RÄTSELSPAß!

1. Welche Formen kann ein Vulkan haben? Verbinde.

2. Wahr oder falsch?
Kreuze an, welche Aussage stimmt.

Ⓐ Auf Island gibt es viele Spaltenvulkane. ☐

Ⓑ Der Kilauea ist ein Schichtvulkan. ☐

Ⓒ Eine Caldera ist ein Kessel. ☐

Kreuze an.

3. Wie nennt man einen Vulkan, der schon hunderttausend Jahre nicht mehr ausgebrochen ist?

a) ☐ Er ist aktiv.

b) ☐ Er ist erloschen.

c) ☐ Er ruht.

Lösungen: 1. 1B, 2C, 3A; 2. A) wahr, B) falsch, C) wahr; 3. b)

# DER VULKANAUSBRUCH

## WANN IST ES SO WEIT?

Vulkane sind unberechenbar.

Ihr Ausbruch lässt sich nicht verhindern.

Aber es gibt ein paar Anzeichen,

die einen Ausbruch ankündigen.

Vulkanologen beobachten Vulkane

deshalb genau und sammeln

viele Daten über sie.

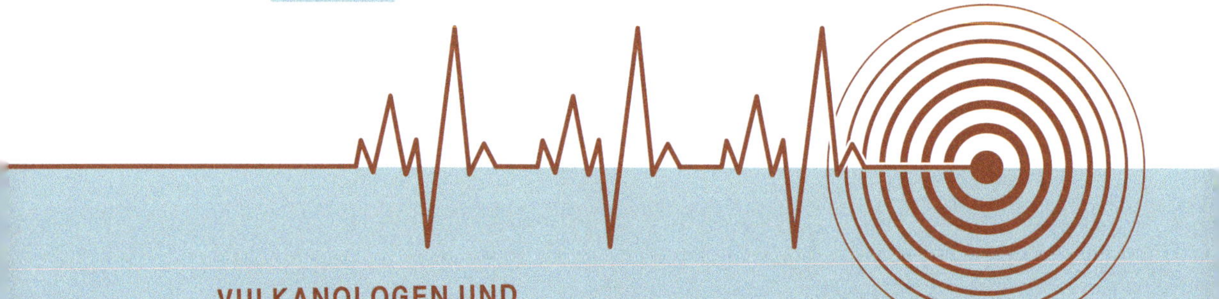

**VULKANOLOGEN UND VULKANOLOGINNEN** beobachten und erforschen Vulkane.

**DATEN** sind Informationen, die man durch Beobachtung oder Messung gewinnt.

# WARNZEICHEN

Vor einem Ausbruch kommt es oft zu kleineren Erdbeben. Sie entstehen, weil das Magma gegen das Gestein drückt. Oft steigen auch Gase aus Spalten auf. Man kann sie sehen und manchmal auch riechen. Denn eines dieser Gase stinkt wie faule Eier. Wird der Berg durch das aufsteigende Magma wärmer, hebt sich der Boden an. Dann können sich Beulen im Gestein bilden.

**GASE** sind weder flüssig noch fest. Sie sind wie die Luft. Zu den vulkanischen Gasen zählen Kohlendioxid, Schwefeldioxid und Schwefelwasserstoff.

# WAS SCHLEUDERT DER VULKAN HERAUS?

Wenn ein Vulkan ausbricht, schleudert er sehr viel Material aus seinem Schlot in die Höhe. Riesige Aschewolken können viele Kilometer hoch sein. Auch giftige Gase kommen mit der Asche an die Oberfläche. Atmen kann man in der Nähe dann nicht mehr.

**MATERIAL** nennt man all die festen Stoffe, die bei einem Vulkanausbruch herausgeschleudert werden.

Eine **ASCHEWOLKE** besteht aus feinen Staubteilchen.

Lavafetzen

Lavabombe

Lava fliegt als Fetzen durch die Luft
oder schießt als Fontäne in den Himmel.
Auch Gestein wird herausgeschleudert.
Manche Stücke sind nur so groß
wie eine Nuss, andere
sind mehrere Meter lang.
Was größer ist als eine Faust,
nennt man Lavabombe.
Die kleinen Stücke heißen Lapilli.

Lapilli

Als **FONTÄNE** bezeichnet man den starken, aufsteigenden Strahl einer Flüssigkeit.

**LAPILLI** sind hasel- bis walnussgroße Brocken aus Lava.

## RETTE SICH, WER KANN!

Bricht heute ein Vulkan aus,

sind die Menschen meist vorher gewarnt.

Sie verlassen ihre Häuser

in den gefährlichen Gebieten

und bringen sich in Sicherheit.

Manchmal haben die Menschen noch Zeit,

ein paar Sachen zu packen.

In **SICHERHEIT** sind die Menschen, wenn sie geschützt und nicht in Gefahr sind, also weit weg vom Ausbruchsort.

Früher wurden die Menschen oft von einem Ausbruch überrascht. Manchmal wussten sie nicht einmal, dass sie an einem Vulkan leben. Vor den giftigen Gasen und den Strömen aus Schlamm konnten nicht alle fliehen. Viele Menschen starben.

Ein **GIFTIGES GAS** ist zum Beispiel Kohlenmonoxid. Menschen können daran ersticken.

**SCHLAMM** ist normalerweise eine Mischung aus Wasser und Sand oder Erde, hier eine Mischung aus Wasser und Vulkanasche.

# FLUGZEUGE AM BODEN

Ein Vulkanausbruch kann auch Folgen
für weit entfernte Länder haben.
Manchmal reist die Aschewolke
mit dem Wind um die Welt.
Für Flugzeuge ist das gefährlich.
Ihre Instrumente arbeiten dann nicht richtig
und die Turbinen können kaputt gehen.
Flugzeuge bleiben deshalb am Boden.
Reisende müssen warten.

**INSTRUMENTE** sind die Geräte, die dem Piloten beim Steuern des Flugzeugs helfen.

Die **TURBINE** treibt ein Flugzeug an. Meist gibt es mehrere Turbinen.

# DER SOMMER FÄLLT AUS

Vor rund 200 Jahren
brach der Vulkan Tambora aus.
Die Aschewolke stieg sehr hoch
und verteilte sich um die ganze Erde.
Wie ein dunkler Schleier
lag sie vor der Sonne.
Es wurde kühler. In Nordamerika
und Europa fiel der Sommer aus.

**TAMBORA** heißt ein Vulkan in Indonesien.

Ein **SCHLEIER** ist ein dünnes Stück Stoff, hinter dem man zum Beispiel das Gesicht versteckt. Hier ist eine durchsichtige Wolke gemeint.

# AUF ZUM RÄTSELSPAß!

**1. Setze die Silben zum passenden Wort zusammen und trage sie in die Lücken ein.**

a) Vor einem Vulkanausbruch riecht es nach faulen ☐☐☐☐☐.

b) Der Berg bekommt ☐☐☐☐☐☐.

c) Es gibt ein ☐☐☐☐☐☐☐☐.

Kreuze die richtige Lösung an.

**2. Was ist größer?**

a) Lapilli ☐

b) Lavabombe ☐

## 3. Was stimmt? Kreuze an.

a) ☐ Flugzeuge dürfen nicht fliegen, weil es durch die Asche in der Luft zu dunkel ist.

b) ☐ Flugzeuge dürfen nicht fliegen, weil die Vulkanasche die Triebwerke beschädigt.

c) ☐ Flugzeuge dürfen nicht fliegen, weil die Vulkanasche zu heiß ist.

## 4. Wie heißt der Vulkan, der vor 200 Jahren ausbrach?

Bringe die Buchstaben in die richtige Reihenfolge.

| m | a | b | r | o | T | a |
|---|---|---|---|---|---|---|
| | | | | | | |

Lösungen: 1. a) Eiern, b) Beulen, c) Erdbeben; 2. b); 3. b); 4. Tambora

# SUPERVULKANE

# SUPERVULKANE

Supervulkane sind die größten Vulkane der Welt. Unter ihnen befindet sich eine riesige Magmakammer. Bei einem Ausbruch stürzt sie ein und bildet einen Kessel. Ein Supervulkan liegt in den USA. Er heißt Yellowstone (sprich: jelloston).

**USA** ist die Abkürzung für die Vereinigten Staaten von Amerika.

**YELLOWSTONE** bedeutet „gelber Stein". So heißt auch ein Fluss und der große Park, in dem der Vulkan und der Fluss liegen.

## ER SCHLÄFT NUR

Im Yellowstone-Nationalpark
kannst du über den Vulkan laufen.
Es gibt hier viele heiße Quellen und Geysire,
weil es im Untergrund so heiß ist.
Dampf steigt auf, Schlamm blubbert
und es riecht nach Schwefel.
Noch ist der Vulkan ruhig.
Man sagt, er schläft.
Irgendwann bricht er aber sicher aus.

Ein **GEYSIR** ist eine Fontäne, die aus einer heißen Quelle austritt.

**SCHWEFEL** ist ein gelber Stoff, der im Boden vorkommt.

Mount Erebus

# VULKAN UNTER EIS

Der Mount Erebus liegt in der Antarktis.
Er ist über 3000 Meter hoch
und von Schnee und Eis bedeckt.
Der Erebus ist ein sehr aktiver Vulkan.
Er explodiert oft.
In ihm brodelt ein Lavasee.
Heiße Luft steigt auf und schmilzt
riesige Höhlen in das Eis.

**MOUNT** (sprich: maunt) ist das englische Wort für Berg.

Ein **LAVASEE** besteht aus kochender Lava.

# KRACHMACHER

Die Vulkaninsel Krakatau in Indonesien
hat sich selbst an die Oberfläche gesprengt.
Das war im Jahr 1883.
Die Explosion war so laut,
dass man sie 4000 Kilometer
weit hören konnte.
Aus dem Kessel des zerstörten Vulkans
wuchs Jahre später ein neuer.
Er heißt Anak Krakatau,
das bedeutet „Kind des Krakatau".

Anak Krakatau

**INDONESIEN** ist ein Land in Asien, das aus vielen Tausend Vulkaninseln besteht.

Bei einer **EXPLOSION** wird sehr viel Energie frei. Sie ist laut.

Mount St. Helens

# DER MOUNT ST. HELENS

Der Ausbruch des Vulkans St. Helens im Jahr 1980 veränderte die Landschaft. Zuerst stieg eine riesige Aschewolke auf. Dann rutschte die Nordseite des Bergs in einen See ab. Es folgte eine gewaltige Explosion. Noch in 20 Kilometer Entfernung knickte die Druckwelle Bäume um.

**ST.** ist im Deutschen die Abkürzung für „sankt", im Englischen für „saint" (sprich: sent). Das bedeutet „heilig".

Eine **DRUCKWELLE** ist eine Welle aus zusammengepresster Luft, die sich nach allen Seiten ausbreitet.

# DER KILAUEA

Der Kilauea auf Hawaii

ist der aktivste Vulkan der Welt.

Er bricht ständig aus.

Lava fließt dann langsam den Berg hinab.

Erreicht sie das Meer, wird sie kalt.

Das zischt!

Eine Sage erzählt, dass im Kilauea

die Göttin Pele wohnt.

Ist sie wütend, spuckt der Vulkan Feuer.

Eine **SAGE** ist eine Geschichte, die vor sehr langer Zeit passiert ist. Viele Sagen erzählen von Göttern und Heldentaten.

**GÖTTIN**
Früher glaubten die Menschen, dass Götter oder Göttinnen für Naturereignisse wie Donner, Regen oder Vulkanausbrüche verantwortlich sind.

Campi Flegrei

# BRENNENDE FELDER

Im Süden von Italien
liegen die Campi Flegrei.
Das bedeutet „brennende Felder“.
Sie sind ein Supervulkan.
Die Caldera ist mehrere Kilometer groß.
An vielen Stellen raucht es
aus dem Boden
und die Erde bebt oft.
Die Menschen dort machen sich Sorgen,
dass der Vulkan bald ausbricht.

**ITALIEN** ist ein Land im Süden von Europa.

# DER VESUV

Bei der Stadt Neapel

ragt der Vesuv auf.

In seiner Nähe leben viele Menschen.

Dabei ist der Vulkan sehr gefährlich.

Immer wieder spuckt er Feuer,

Asche und Steine.

Bei früheren Ausbrüchen wurden

Dörfer begraben und Menschen starben.

Forschende vermuten, dass er bald

wieder ausbrechen wird.

Neapel mit Vesuv

**VESUV**

Die Städte Pompeji und Herculaneum wurden vor fast 2000 Jahren durch einen Ausbruch des Vesuvs verschüttet.

Super gelesen

# AUF ZUM RÄTSELSPAß!

1. Welcher Vulkan liegt wo? Ordne ihre Namen dem Land zu. Verbinde mit Linien.

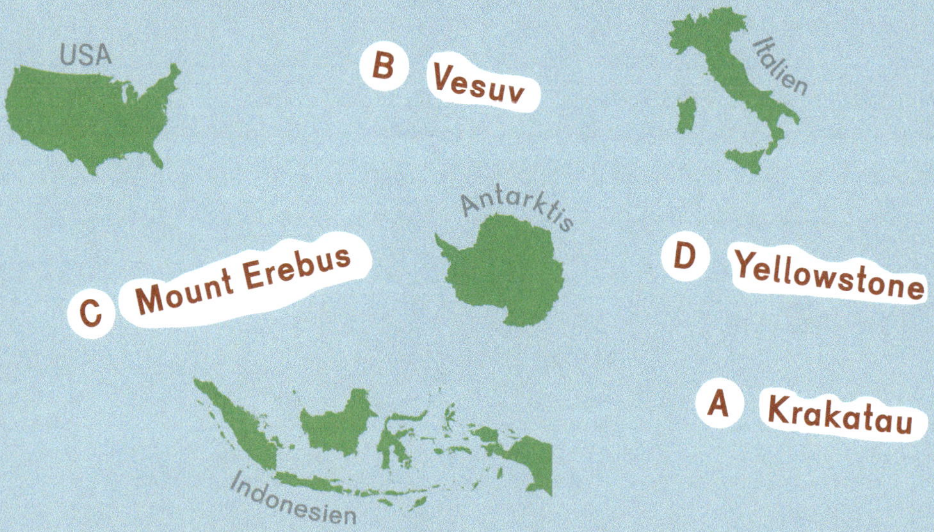


2. Wer wohnt der Sage nach im Vulkan Kilauea?

3. Wie nennt man den lauten Knall bei einem Vulkanausbruch?

X L O I S E O N P

Bringe die Buchstaben in die richtige Reihenfolge.

4. Was bedeutet Yellowstone? Kreuze die richtige Lösung an.

a) gelbes Gebirge

b) gelber Berg

c) gelber Stein

Lösungen: 1. A: Indonesien, B: Italien, C: Antarktis, D: Yellowstone; 2. eine Göttin; 3: EXPLOSION; 4. c)

# LEBEN AM VULKAN

## GEFÄHRLICHES LEBEN

Etwa 800 Millionen Menschen
leben in der Nähe von Vulkanen.
Nicht alle kennen die Gefahr.
Vulkane, die schon sehr lange
nicht mehr ausgebrochen sind,
wurden vergessen.
Die Menschen dort denken,
sie leben an einem normalen Berg.
Spuckt dieser Berg plötzlich Feuer,
sind sie nicht vorbereitet.

**MENSCHEN**
Auf der ganzen Erde leben etwa
acht Milliarden Menschen.

# GUT ÜBERWACHT

Besonders aktive und gefährliche Vulkane werden gut beobachtet. Es gibt Pläne für den Ernstfall. Bei einem Ausbruch werden die Menschen evakuiert. Trotzdem wollen sie ihre Heimat nicht für immer verlassen.

Wenn ein Unglück eintritt, das man erwartet hat, spricht man vom **ERNSTFALL**.

**EVAKUIEREN** bedeutet, Menschen eine Zeit lang von ihrem Wohnort wegzubringen, damit sie in Sicherheit sind.

# DEN VULKAN IMMER IM BLICK

An vielen Vulkanen sind Messgeräte angebracht. Sie messen die Temperatur im Inneren des Bergs und die Art der Gase. Andere Geräte können feststellen, ob sich der Berg aufbläht oder ob Beben stattfinden. Die Forschenden fotografieren den Vulkan und untersuchen die Lava.

Die **TEMPERATUR** gibt an, wie warm oder kalt etwas ist. Steigt die Temperatur im Vulkan, kann das bedeuten, dass sich die Magmakammer füllt.

**AUFBLÄHEN**
Die Magmakammer füllt sich und wird größer.

Entdecken sie Veränderungen,
die auf einen Ausbruch hindeuten,
warnen sie die Behörden.
Die sorgen für die Sicherheit der Menschen
und sperren gefährdete Gebiete.
Sie fordern die Bewohner zum Verlassen
ihrer Häuser auf und sagen ihnen,
wo sie schlafen können.
Oft werden Kirchen oder Turnhallen
zu Notunterkünften.

Straße gesperrt

Eine **BEHÖRDE** übernimmt einen Teil der Verwaltung einer Stadt oder eines Landes.

Eine **NOTUNTERKUNFT** ist eine einfache Unterkunft, in der Menschen, die ihre Wohnung verlassen mussten, eine Zeit lang Schutz finden.

# FRUCHTBARE ERDE

An vielen Vulkanen arbeiten Bauern.
Sie pflanzen und ernten Obst und Gemüse.
Viele Sorten wachsen hier besonders gut:
Zitrusfrüchte, Äpfel, Bananen, Wein,
Oliven und Pistazien.
Die Vulkanasche ist ein guter Dünger.
Sie bietet viele Nährstoffe.
Und der schwarze Boden speichert die Wärme.

Zu den **ZITRUSFRÜCHTEN** zählen Mandarinen, Zitronen und Orangen.

Die **PISTAZIE** sieht aus wie eine Nuss, ist aber eine Steinfrucht wie die Kirsche.

## WOLKEN AUS ASCHE

Bricht der Vulkan aus,
kann **Ascheregen** die Felder
und Bäume vernichten.
Vulkanasche ist sehr schwer.
Sie lässt sich nur schwer entfernen.
Unter ihrem Gewicht brechen Bäume,
**Bananenstauden** und Weinreben.
Die Ernte ist verloren.

**ASCHEREGEN** besteht aus feinen Gesteins- und Lavateilchen. Diese fallen aus den Aschewolken auf das Land hinab.

Eine **BANANENSTAUDE** kann bis zu zwei Meter hoch werden und bis zu 200 Bananen tragen.

## HEIßES WASSER

Island ist eine Vulkaninsel.
Heißes Wasser und heißen Dampf
gibt es im Boden in großen Mengen.
Mit dem heißen Wasser heizen
die Isländer Häuser, Wohnungen
und sogar Straßen und Gehwege.
So bleiben sie frei von Schnee und Eis.

Eine **VULKANINSEL** ist der Gipfel eines Unterwasservulkans, der über die Wasseroberfläche ragt.

## BADESPAß

In heißen Quellen kannst du dort
das ganze Jahr über baden.
Ihr Wasser kommt tief aus
dem Erdinneren, wo es sehr warm ist.

## HEIßER DAMPF

Mit dem heißen Dampf
betreiben die Isländer auch Kraftwerke.
Dort wandeln große Turbinen
den Dampf in Strom um.
Das ist sehr gut für die Umwelt.
Es entstehen keine Schadstoffe.

**HEIßE QUELLEN** werden auch Thermalquellen genannt.

**SCHADSTOFFE** sind schlecht für die Umwelt. Sie entstehen zum Beispiel beim Verbrennen von Kohle, Erdöl und Erdgas.

Super gelesen

# AUF ZUM RÄTSELSPAẞ!

Kreuze die richtige Antwort an.

## 1. Warum leben Menschen an einem Vulkan?

a) ☐ Sie kennen keine Angst.

b) ☐ Der Boden ist dort sehr fruchtbar.

c) ☐ Es ist immer schön warm.

## 2. Setze die fehlenden Wörter in den Text ein.

Nährstoffen
Dünger
Gemüse

Vulkanasche ist ein guter ________________. Sie ist reich an ________________________. Obst und ______________ wachsen sehr gut darin.

3. Wofür nutzt man in Island das heiße Wasser und den heißen Dampf aus der Erde?

4. Kannst du dieses schwierige Wort richtig schreiben?

EIN TIPP:
Es bedeutet, dass Menschen ihren Wohnort wegen einer Gefahr verlassen müssen.

| e | k | u | v | i | e | a | r | n | e |
|---|---|---|---|---|---|---|---|---|---|
| | | | | | | | | | |



Lösungen: 1. b) Der Boden dort ist sehr fruchtbar. 2. Dünger, Nährstoffen, Gemüse; 3. 1, 2, 3; 4. evakuieren

**Bildnachweis**
**l = links, r = rechts, M = Mitte, o = oben, u = unten**
Maria Mähler: 14, 30, 35, 36, 43, 55, 59, 60
Stock.adobe.com: 12M Puripat, 12r tawanlubfah, 18–19 zhuxiaophotography, 21u adammachowiak, 22ur Sam, 25o RalfenByte, 32u Belikova Oksana, 33or Klaus Brauner, 44o Janet Muir/Danita Delimont, 46o Harry HU, 57ul Steve
Shutterstock.com: VNS IT'S ORA, lucky vectorstudio, WinWin artlab, 1 ideyweb, 4–5 mentalmind, 6–7 ImageBank4u, 8o Cartoon D_Studio, 8M Brum, 8u Vibrands Studio, 9M fluidworkshop, 9u Claudia Pylinskaya, 10o GraphicsRF.com, 10u Pretty Vectors, 11M Pavlo Glazkov, 13o Peter Hermes Furian, 13u SaveJungle, 14o+M klyaksun, 14–15u ideyweb, 15u Willyam Bradberry, 16l MaryValery, 16u tinkivinki, 17o klyaksun, 17M Designua, 17u Sky vectors, 17ul+r A7880S, 20or Macrovector, 20u gritsalak karalak, 22or grafikwork, 22ul gritsalak karalak, 23o Dimitri Tymchenko, 23ul dutko_vika, 23ur gritsalak karalak, 24o Anatolir, 24–25u gritsalak karalak, 26M grafikwork, 26Ml Meranda19, 26MM Viktorija Reuta, 26u HappyPictures, 27M gritsalak karalak, 27u VikiVector, 28–29 Thorir Ingvarsson, 30u Vectorstock1, 30–31u robuart, 31u Tada Images, 32o grafikwork, 33ol Joe Barti, 33M Eniko Balogh, 34o Eniko Balogh, 34u Jemastock, 36u Abrarova Zukhra, 38r Sabelskaya, 38l Pro-Stocks, 39o Abrarova Zukhra, 39ul k a r e e m o v, 40–41 Ismail Nst, 42u Sylfida, 43u BlueRingMedia, 44u robuart, 45M feygraphy, 45u Katsiaryna Pleshakova, 46u oolchico, 47o Maridav, 47ul+r klyaksun, 47ur fenskey, 48o Peter Schwarz, 48u patrimonio designs ltd, 49u Sergii Figurnyi, 50ol vectorlight, 50or Filip Bjorkman, 50oM Flag'Stock, 50M Q STOCK, 50ul Microstocker.Pro, 50uM Mvshop, 50ur Macrovector, 51o sebastian ignacio coll, 51u BanhhBaoo, 52–53 Ecuadorpostales, 54o Anna LoFi, 54u mentalmind, 56or Evgeny Haritonov, 56u Bagel Studio, 57o gobigoo, 57M klee048, 57ur Robert Adrian Hillman, 58o Tayka_ya, 58u Sopotnicki, 59M mantinov, 59ur kstudija, 60uM Nsit, 60ur IreneJedi, 61ur Daniel Turbasa, 61ul the8monkey, 62or Tayka_ya, 62M klyaksun, 62ul Magicleaf, 63M Light-leak Creative, 63M1 Edilus, 63M2 Sergey Mastepanov, 63M3 Vectorbum, 63M4 Bigmouse108, 64l klyaksun, 64r Macrovector
Weitere Agenturen: 12l mauritius images / Wolfgang Jäkel / imageBROKER, 37u picture alliance/SZ Photo/SZ Photo, 42o mauritius images / Zoonar GmbH / Alamy / Alamy Stock Photos, 42M mauritius images / Zoonar GmbH / Alamy / Alamy Stock Photos

**Impressum**

**Redaktionelle Leitung** Ina Koslowski, Juliane von Laffert
**Lektorat** Katja Baier
**Text** Karolin Küntzel
**Illustrationen** Maria Mähler
**Umschlaggestaltung** Robert Grill, München
**Umschlagabbildungen** stock.adobe.com/Mateusz, Dorina Tessmann (Rückenbild)
**Layout und Satz** formlabor, Hamburg

**www.duden.de**
**www.cornelsen.de**

1. Auflage, 1. Druck 2024

Mecklenburgische Straße 53, 14197 Berlin

PEFC/12-31-006
**PEFC zertifiziert**
Dieses Produkt stammt aus nachhaltig bewirtschafteten Wäldern und kontrollierten Quellen.
**www.pefc.de**



Druck: Livonia Print, Riga

ISBN 978-3-411-73294-4

# Einfach gern lesen!

**Lesestufe 2**

1. Klasse 2. Klasse 3. Klasse

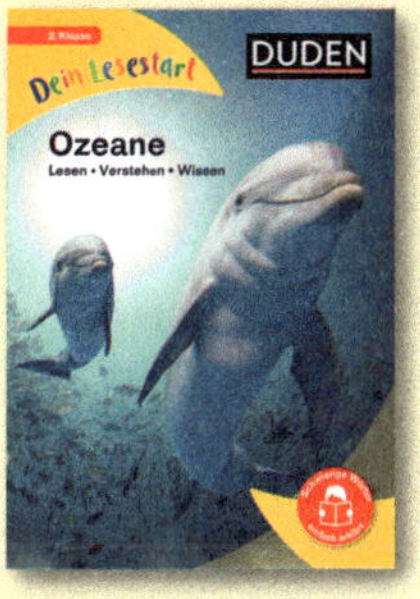

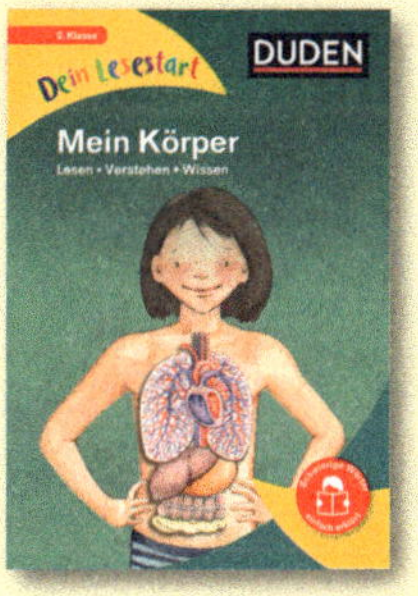

DUDEN